INVENTAIRE
G 4,720

AF465939

G
12.50
Cle. 6.

ENCYCLOPÉDIE BIOGRAPHIQUE DU XIXE SIÈCLE.

SIXIÈME CATÉGORIE :

Musée Militaire.

M. le Maréchal Molitor

PARIS,

ADMINISTRATION GÉNÉRALE,

RUE DE SÈVRES, 21.

—

1842.

M. Le Lieutenant-Général Comte BAUDRAND.

M. Le comte Baudrand (Marie-Étienne-François-Henri) est né à Besançon, le 22 août 1774. Au sortir du collége de cette ville, il fut d'abord destiné par son père au barreau ; mais, compris dans une levée de troupes faite au mois d'août 1793, il fut obligé de partir comme soldat, au deuxième bataillon du Doubs. Le jeune Baudrand fut bientôt reçu comme élève du génie militaire, avec le grade de sous-lieutenant. A sa sortie de l'école d'application, en 1794, il fit partie de l'armée du Nord, pour passer ensuite dans la première armée d'Angleterre. De là il suivit avec le grade de capitaine, le général Championnet, lors de l'expédition de Naples. Incorporé bientôt après dans l'armée d'Italie, il fut blessé de deux coups de feu en défendant le pont du Var, quelques jours avant la bataille de Marengo. Après cette affaire, M. Baudrand suivit le général Suchet à l'occupation de Gênes, puis fut envoyé sur le Haut-Adda, pour construire un camp retranché à Brivia ; enfin il se rendit au siége de Peschiesa, et fut ensuite chargé du service du génie dans cette place.

Les diverses campagnes que nous venons d'énumérer avaient rendu le repos nécessaire à M. Baudrand ; toutefois, n'écoutant que son patriotisme et sa bravoure, peut-être fût-il longtemps resté à l'armée d'Italie, si un séjour qu'il fit sur les bords humides du Mincio et du lac de Garda, n'eût dérangé trop visiblement sa santé, pour que son retour en France devînt d'une indispensable nécessité. Il y rentra donc en vendémiaire, AN II. Le 14 juin 1804, Napoléon récompensa M. Baudrand en le nommant chevalier de l'Ordre de la légion-d'honneur; et peu de temps après, celui-ci participait à la glorieuse bataille d'Austerlitz, et faisait partie ensuite, après le traité de Presbourg, de la seconde expédition de Naples.

M. Baudrand se distingua éminemment au siége de Gaëte; aussi le 3 septembre 1806, fut-il nommé chef de bataillon, en récompense de ses services, dont on sut d'autant plus apprécier la valeur, qu'il fut investi quelque temps après du titre de commandant du génie, à une expédition dont l'objet était d'occuper les îles Ioniennes, que le traité de Tilsitt avait rendues à la France. Le 31 mars 1812, il obtint à Corfou le grade de colonel. Le 11 juin de l'année suivante, il fut fait prisonnier sur mer par le commodore Taylor, commandant; il fut détenu par les Anglais en Sicile et à Malte, et ne rentra en France qu'à l'époque de la paix générale, en 1814.

Pendant les cent jours, M. Baudrand ne resta pas inactif. D'abord secrétaire d'une commission de défense du royaume, puis chef d'état-major du génie à la campagne de Waterloo, il suivit l'armée déchue dans sa retraite sur Paris et sur la Loire, et y exerça ses fonctions jusqu'à l'époque du licenciement.

Ce temps de désastres une fois écoulé, on chargea M. Baudrand de reconnaître l'emplacement d'une forteresse centrale sur la Loire; après quoi il fut désigné pour résider au quartier général d'occupation. Peu après l'évacuation de notre territoire par les alliés, il fut appelé à la direction des fortifications de Cambrai. Les nombreux titres qu'il avait à la reconnaissance du pays lui valurent d'être nommé maréchal-de-camp en 1821. Trois ans après, ses talents militaires trop distingués pour n'être pas de nouveau mis en activité, le firent envoyer en inspection dans les places d'Espagne, occupées par les troupes françaises. Il s'acquitta de cette mission en homme consommé sur les plus petites particularités de l'art de Vauban, et dès son retour, il fut chargé du service du génie au ministère de la guerre.

En 1826, M. Baudrand fut chargé d'inspecter les établissements français en Amérique; cette mission, quelque en dehors qu'elle fût des goûts paisibles dont les longues fatigues de M. Baudrand, lui avaient fait une nécessité, fut acceptée par le sentiment du devoir. Arrivé à la Martinique, il ne put à cause du climat malsain de cette île, continuer son inspection; il fut atteint de la fièvre jaune dont il eut le bonheur inespéré de guérir après plusieurs mois d'une longue et pénible convalescence. De retour en Europe, il fut nommé commandeur de Saint-Louis et reprit ses fonctions de directeur du génie au ministère de la guerre; mais, il demanda bientôt à être déchargé de cet emploi trop fatigant pour l'état de faiblesse dans lequel l'avaient laissé ses travaux antérieurs. En conséquence il rentra dans les fonctions moins pénibles de membre du comité des fortifications, et, après quelques mois, il fit partie de la maison militaire de M. le duc d'Orléans, comme aide-de-camp du duc de Chartres. M. Baudrand accompagna ce jeune prince dans divers voyages qu'il fit, en 1829, en Angleterre, en Ecosse et en Irlande.

A l'époque des journées de Juillet, le général se trouvait, avec le prince fils aîné de la maison d'Orléans, à Joigny, où S. A. R. était allée prendre le commandement du 1er régiment de hussards dont il était le Colonel honoraire. Le Prince, le régiment et le général, sur l'ordre du lieutenant-général du royaume, arrivèrent à Paris le 4 août 1830. Quelques jours après, le général fut envoyé à Londres pour notifier l'avènement de Louis-Philippe au trône.

Parti de Paris le 17 août 1830, à quatre heures après midi, il arriva à Londres le 19, à huit heures du matin, et en repartit le 27 du même mois, après avoir rempli l'importante mission dont il avait été chargé.

Depuis cette époque, toujours près de M. le duc d'Orléans, M. Braudrand a joui de la précieuse faveur d'accompagner le prince royal jusqu'à l'époque de la terrible catastrophe qui l'a ravi à la France.

Une ordonnance du 18 octobre 1830, nomma le général Baudrand grand officier de la Légion-d'Honneur, et au mois de novembre de la même année, il fut élevé au grade de lieutenant-général. En septembre 1831, il fit partie avec le prince royal de l'expédition de Belgique où l'armée française repoussa l'invasion du prince d'Orange. Le mois suivant, il retourna à Londres, chargé d'une mission particulière auprès du gouvernement anglais. Au mois de novembre de la même année, les mouvements de Lyon ayant appelé dans cette ville monseigneur le duc d'Orléans, le général s'y rendit avec S. A. R. Il accompagna également ce Prince dans un voyage qu'il fit dans les provinces de l'Est et du Midi, en mai et juin 1832, puis au siége d'Anvers. Ce fut là que le général apprit qu'il venait d'être élevé à la dignité de Pair du royaume, par ordonnance du 11 octobre 1832. Il prêta serment le 31 janvier 1833 ; et le même mois de la même année il accompagna encore le prince royal à Londres.

M. le général Braudrand a pris une part active à tous les travaux dont la Chambre des Pairs s'est occupée depuis sa nomination. Ainsi dans un rapport de pétitions qu'il faisait à la noble chambre le 6 juin 1835, après avoir condamné le vœu du conseil municipal de Toulouse en ce qu'il s'occupait d'un objet étranger à ses délibérations, et tendant à ce qu'il fût promptement et définitivement statué sur la possession et la colonisation de l'ancienne régence d'Alger, il émettait lui-même à ce sujet des considérations non moins judicieuses que bien exprimées.

« Messieurs, disait-il, la conservation du territoire d'Alger sera » un moyen de tenir en activité nos forces de terre et de mer, » d'éloigner et d'occuper le superflu de la population de la France, » de donner une nouvelle activité au commerce de Marseille et » de tous nos départements méridionaux.

» Ces avantages paraissent au conseil municipal de Toulouse » devoir déterminer la France à conserver Alger, lors même » que cette possession devrait être onéreuse au trésor. Mais on » peut prévoir heureusement que les charges deviendront de plus » en plus légères et que les droits attachés aux nombreux » échanges qui s'établiront entre les deux pays, finiront par » couvrir les dépenses. »

Telles étaient les judicieuses considérations dont M. Braudrand se rendait l'organe à la Chambre des Pairs. Le 27 avril 1836, le général dans un nouveau rapport au sujet d'un projet de loi relatif à la propagation des pouvoirs judiciaires, donnait des idées également saines sur la nécessité de cette propagation dans les départements de l'Ouest où de vieilles et puissantes opinions légitimistes pouvaient incessamment troubler la paix et la prospérité de l'Etat, en excitant le fanatisme royaliste des Vendéens. Remontant à la notion générale de la loi, et de l'égalité, voici comment M. Baudrand démontrait que pour satisfaire à des nécessités exceptionnelles, il est quelquefois utile d'agir contre ces deux grands principes de la liberté humaine.

« C'est un principe non contestable et non contesté, disait » M. Baudrand, que la loi est égale pour tous, mais ce principe ne

» s'oppose pas à ce que, dans certaines dispositions réglementai-
» res, il puisse être introduit quelques modifications temporaires
» appelées par les besoins exceptionnels et temporaires de cer-
» taines localités. Tel est le caractère de la mesure dont le
» gouvernement vous propose la prorogation. Toutefois l'admi-
» nistration est convaincue que ces modifications exceptionnel-
» les doivent subsister seulement aussi longtemps que les besoins
» par lesquels elles sont motivées sont eux-mêmes subsistants. »

Ces paroles honorables décèlent non seulement un bon citoyen ami de l'ordre, mais encore un esprit droit et une haute raison. Notre jugement s'est d'autant plus confirmé en mieux, que nous en avons trouvé comme une preuve éclatante dans l'exemple qui va suivre. C'était lors de la discussion du projet de loi relatif aux crédits demandés pour les travaux publics en 1837.

Ce crédit impliquant l'idée de garantie que M. Villemain avait fait ressortir, M. Braudrand en examine la valeur et la nécessité.

« L'honorable M. Villemain nous dit qu'une garantie n'est ja-
» mais inutile, s'écrie M. Braudrand, sans doute, abstraitement
» parlant, une garantie n'est jamais inutile, mais dans la pratique,
» une garantie peut être déplacée. Certainement si vous agitiez
» une question de droit public, de droit criminel, par exemple,
» vous n'introduiriez pas dans une loi que vous feriez sur cette ma-
» tière, une garantie de bonne exécution de travaux publics. Eh
» bien ici, il ne s'agit pas de droit criminel, mais il s'agit de voies
» et de moyens, et ce n'est pas dans les voies et moyens, mais
» dans les lois spéciales qui seront proposées pour chaque tra-
» vail que viendront naturellement se placer les mesures qu'on
» jugera convenable d'ordonner pour la bonne exécution de ce
travail. »

Par les quelques fragments que nous venons de citer des travaux de M. Baudrand à la Chambre des pairs, le lecteur a pu se convaincre du sens clair et net et en même temps judicieux, qui en est comme l'essence. Sous le rapport de la forme littéraire, on y reconnaît une sorte d'élégance entravée par le tour d'expression mathématiquement plus précis que littéraire, qui convient à toutes les questions de circonstance plus utiles qu'agréables à traiter. Néanmoins nous citerons quelques passages d'un morceau de M. Baudrand qui nous a paru écrit avec une simplicité et un sentiment d'onction remarquables, ce sont des extraits de l'éloge funèbre de M. le général Comte Rogniat.

« Messieurs, un historien célèbre reprochait à ses contemporains leur indifférence pour la mémoire des hommes qui avaient bien mérité de leur patrie.

» Cette apathie du siècle ne souffrait d'exception que dans les cas bien rares où quelque éclatante vertu triomphait de l'insouciance et de l'envie, vices dont les grandes et les petites sociétés, à l'époque de Tacite, étaient généralement infectées.

» Ce reproche ne peut vous être adressé, Messieurs ; il y a quelques jours seulement, un orateur vous rendait ce témoignage à cette tribune. Lorsque la mort vient à frapper quelqu'un de vos collègues, un usage constamment suivi par vous autorise une voix amie à vous entretenir quelques moments des qualités qui distinguaient celui que vous avez perdu, qui lui avaient concilié votre estime, et qui lui donnent des droits à vos regrets.

» C'est ce pieux devoir que je viens remplir envers le général Rogniat. Je sais combien il eût été désirable qu'une vie si pleine d'importants services et d'utiles travaux eût rencontré un plus habile panégyriste. Toutefois, quand un ancien compagnon d'armes du général vient exprimer le sentiment pénible dont il est affecté, n'est-il pas certain de rencontrer vos sympathies? Les faits qu'il a à vous rappeler, racontés dans toute leur simplicité, vous intéresseront assez par eux-mêmes; ils n'ont besoin ni d'art ni d'ornements. »

. . . .

Ayant ensuite raconté la vie pleine et honorable de son illustre ami, le général termine ainsi son éloge :

« Cependant, au milieu des sentiments douloureux dont nous étions affectés autour du lit de mort de celui dont la vie fut si pleine d'actes de vigueur et d'énergie, qui ne se serait senti frappé d'admiration en contemplant la résignation et la sérénité de ses derniers moments! »

Le 27 juillet 1842, à l'ouverture de la session extraordinaire convoquée pour la loi de régence, après la terrible catastrophe qui a privé la France de celui qu'elle regardait avec bonheur comme devant mettre un terme à toutes les agitations qui ont marqué les premières années de la révolution de Juillet, M. Baudrand fut nommé secrétaire de la Chambre des Pairs.

Appelé à faire partie, le 12 novembre de la même année, de la commission d'une souscription pour élever à Alger un monument à la mémoire du duc d'Orléans, le général a dû éprouver un de ces sentiments qui ne s'écrivent pas, parce qu'on ne saurait les analyser. Il s'était acquis l'affection de l'illustre défunt, et la lui rendait bien. Mais n'a-t-il pas dû trouver comme une sorte de consolation lorsque le Roi a commis sous sa tutelle l'enfant royal, espoir du trône? Oui, sans doute, et nous croyons même que, pour M. Baudrand, c'est une des plus précieuses marques d'estime qu'il ait jamais reçues; et il la méritait bien!

M. LE MARÉCHAL

MOLITOR.

MOLITOR (M LE MARECHAL).

Que de fois nous nous sommes pris à sourire d'un air d'incrédulité au récit des merveilles qui ont signalé les premiers âges du monde ! L'histoire des héros de l'antiquité nous a bien souvent paru 'œuvre de l'imagination ; et les débris, — superbes encore, — des monuments gigantesques témoins des beaux temps de la Grèce et de Rome, suffisent à peine aujourd'hui pour nous persuader que tant de gloire a pu être réservée aux races primitives.

Il en sera de même de la République française et de l'Empire dans les siècles futurs. Ces deux grandes époques, dont l'une, issue de la révolution, fut bientôt étouffée par l'autre, au profit de laquelle elle avait épuisé ses forces, seront un sujet éternel d'admiration pour nos neveux. En succédant à la République, l'Empire recueillit un héritage déjà riche en actions d'éclat, en conquêtes militaires, en talents de toute sorte. Le chef de l'État, homme taillé sur le modèle des hommes antiques, législateur comme Lycurgue, intrépide comme Léonidas, et plus habile capitaine, peut-être, que César et Alexandre, — Napoléon, génie immense, universel, incompréhensible, devina les intelligences supérieures, les mit en relief, et créa des héros comme lui, — ainsi que Dieu fit l'homme à son image. C'est donc, en grande partie, l'histoire de ces illustres guerriers, débris vivants d'une phalange si longtemps invincible, — que, — nous autres, jeunes hommes, qui sommes nés le lendemain de cette dernière et sublime épopée : l'Empire! — nous allons livrer à l'incrédulité des générations à venir, en leur disant avec orgueil : « Si nous n'avons pas assisté à ces magnifiques événements qui ont inauguré les commencements du dix-neuvième siècle, nous en avons du moins vu les héros, et bien des fois, pendant les longues veillées d'hiver, ou sous les frais ombrages des marronniers et des chênes, ils nous ont répété ces récits merveilleux, — et pourtant si vrais, — qui, dans leur bouche, prenaient une couleur toute locale et acquéraient un charme toujours nouveau, un intérêt toujours saisissant. »

Un grand écueil que nous aurons à éviter dans le cours de cette splendide galerie, c'est l'uniformité ; non pas l'uniformité des faits particuliers qui composeront la biographie de chacune des illustrations militaires que nous ferons passer sous les regards des lecteurs ; mais bien l'uniformité des faits généraux, espèce d'anneaux auxquels aboutissent et se rattachent nécessairement les nombreuses phases de l'existence d'hommes qui ont vécu de la même vie. Néanmoins nous échapperons à cet écueil en nous abstenant de digressions qui nous entraîneraient dans d'éternels lieux communs.

Ceci dit, nous allons esquisser à grands traits l'imposante et vénérable figure du maréchal Molitor.

Molitor (Gabriel-Jean-Joseph, comte), — maréchal de France, pair du royaume, grand-croix de la Légion d'honneur et de plusieurs autres ordres, membre honoraire de plusieurs sociétés savantes, — est né à Hayange (Moselle), le 7 mars 1770. Fils d'un ancien militaire, qui donna beaucoup de soins à son éducation, il terminait ses études lorsque l'orage révolutionnaire vint à éclater.

En 1791, il suivit l'exemple de toute la jeunesse française et courut à la défense des frontières. D'abord volontaire dans le quatrième bataillon de la Moselle, le 25 août, il fut élu capitaine, à l'unanimité, par le vote de ses camarades, et prit part, en cette qualité, à la campagne de 1792, à l'armée du Nord.

Le 10 septembre 1793, à la suite d'un concours et après avoir subi l'examen des inspecteurs généraux, au camp de Forbach, il fut élevé au grade d'adjudant général chef de bataillon. De l'armée des Ardennes il passa, avec un corps de troupes, à celle de la Moselle, et fit les campagnes de 1793 et 1794.

Le 28 et le 29 novembre 1793, il assista, sous les ordres du général Hoche, à la bataille de Kayserslautern, où, — à la tête de sa brigade, — il remporta l'avantage le plus marquant de ces deux journées, en s'emparant de la position d'Ehrlenbach, que défendait la droite de l'armée prussienne, alors commandée par le maréchal de Brunswick.

Le 22 décembre de la même année, il se signala de nouveau au combat de Werdt, où l'armée française força les retranchements de Fresckweiler, fit douze cents prisonniers et prit vingt-quatre pièces de canon. Le lendemain, il enleva la position de Lampersloch, où l'ennemi perdit six cents hommes ; puis il commanda une des colonnes qui gagnèrent la victoire, à la bataille de Geisberg, près de Wissembourg, — le 26 du même mois, — victoire que suivit le déblocus de Landau.

Molitor passa successivement, avec le même grade d'adjudant général chef de bataillon et celui de chef de brigade, aux armées de la Moselle, du Rhin et du Danube (1794, 1795, 1796 et 1797) ; participa à toutes les opérations de ces campagnes, comme chef d'état-major ou commandant de brigade, sous les ordres des généraux en chef Pichegru, Kléber, Moreau et Jourdan, et reçut une grave blessure dans une attaque sur Mayence, le 5 octobre 1795. En décembre 1797, il remplissait les fonctions de général de brigade au siége de Kehl, où on lui confia la défense de l'île d'Ehrlen-Rhein.

Promu au grade de général de brigade, le 30 juillet 1799, Molitor rejoignit l'armée du Danube, commandée par Masséna, en Suisse, et sa brigade fut détachée dans les cantons de Schwitz et de Glaris, dont il s'empara, après avoir vaincu les Autrichiens les 15, 29 et 31 août. Rien n'égale l'intrépidité et le sang-froid qu'il déploya en cette dernière occasion, lorsque sur le point d'être fait prisonnier par un corps de quinze cents Suisses à la solde de l'Angleterre, il parvint avec son escorte, composée seulement de dix braves soldats de la 84e, à tenir tête aux tirailleurs de l'ennemi. Les Suisses, obstinés à sa poursuite, le suivirent jusqu'au delà du torrent de la Lontsch, près du débouché du Klon-Thal. Molitor se trouva un instant dans la position la plus critique ; mais le capitaine Fridolsheim, son aide de camp, officier d'une haute valeur, le secourut avec soixante grenadiers, et les Suisses furent chargés si vigoureusement, que tous ceux qui avaient passé le torrent furent tués, noyés ou prisonniers [1].

Cependant, loin de s'améliorer, la position du général Molitor était devenue bien plus difficile, et, — comme il le dit, — il ne fallait pas moins qu'un grand dévouement à la patrie pour ne pas en désespérer. Cerné à Glaris par deux corps d'armée autrichiens et l'armée russe de Souvarow, il fit exécuter des dispositions de défense avec un ensemble et une précision qui déconcertèrent les ennemis autant qu'ils électrisèrent ses soldats, et empêcha la jonction des Autrichiens avec le maréchal Souvarow. Ce dernier, persuadé néanmoins que Molitor était enveloppé par les troupes de Jellachich et de Linken, lui adressa, par un officier parlementaire, l'étrange sommation de se rendre. Molitor lui fit répondre « que son rendez-vous avec les généraux Korsakow, Hotzé, Jellachich et Linken était manqué sans ressource ; que le premier avait été complétement défait à Zurich ; que le second n'existait plus ; que les deux autres venaient d'être battus et rejetés au delà des montagnes,

[1] Ces prisonniers suisses, au nombre de deux cent cinquante, s'attendaient à être traités sans miséricorde : le général Molitor prit sur lui, au contraire, de les renvoyer libres à Glaris, en les chargeant de dire aux habitants, — qui étaient aussi contre les Français, — que nous ne venions faire la guerre qu'aux Autrichiens ; que les Suisses seraient traités en amis, et que nous ne leur demanderions que leur neutralité. Il eut beaucoup à s'applaudir du parti qu'il prit en cette occasion, car dès ce moment le corps suisse à la solde anglaise mit bas les armes, et les Français ne comptèrent plus que des amis dans le canton de Glaris. (Le *Spectateur militaire*.

et que c'était à lui-même, Souvarow, entouré de tous côtés par une armée victorieuse, de songer à mettre bas les armes. » Le général russe, soit qu'il refusât d'ajouter foi aux désastres qu'on lui apprenait, soit qu'il cherchât à en imposer au général Molitor, le fit attaquer immédiatement, quoique la journée fût déjà avancée. Ce nouveau combat s'engagea vivement et ne cessa qu'à la nuit, pour recommencer dans le milieu de la journée du lendemain et continuer le surlendemain avec un acharnement extraordinaire, au pont de Naffels. « L'exaltation de nos soldats était à son comble, — dit le général Molitor dans sa relation de cette campagne ; — leurs forces et leur courage semblaient grandir avec les difficultés et avec la fureur de l'ennemi. Je leur fis connaître que le sort de la campagne, le salut de la patrie, étaient attachés à la conservation de ce poste important, et ils furent convaincus qu'il fallait y périr jusqu'au dernier plutôt que de le céder à l'ennemi. »

Cependant l'ennemi ne se décourage pas de tant de résistance ; il revient à la charge en plus grand nombre, et les troupes françaises sont obligées encore une fois de repasser le pont de Naffels, lorsque l'apparition de la 2e helvétique envoyée, ainsi que d'autres renforts, de la division Gazan, change tout à coup la face des choses. « Après une courte harangue,— continue le général Molitor dans sa relation, — où je lui rappelle la gloire de ses ancêtres acquise sur ce même champ de bataille de Naffels, elle se forme en colonne sous une grêle de balles, traverse bravement le pont aux applaudissements de nos soldats : le feu terrible de l'ennemi, qui lui renverse huit officiers et quarante soldats au passage du pont, n'arrête pas le mouvement de cette intrépide colonne, dirigée par l'adjudant-major Zingg ; et les Russes, enfin refoulés jusqu'à Nesthal, eurent quatre cents hommes de tués, dix-sept cents blessés et deux cents faits prisonniers.

« Ainsi se termina ce combat, où la bravoure et l'héroïque dévouement de trois mille Français triomphèrent des attaques réitérées de quinze mille Russes, qui se battirent avec une aveugle fureur pendant cette longue et sanglante journée (28 septembre). »

Les 1er et 4 octobre suivants, Molitor acheva la déroute du reste de l'armée russe, dont le capitaine Fridolsheim poursuivit l'arrière-garde jusqu'à Panix, lui fit deux cents prisonniers et lui prit une pièce de canon.

Le général Molitor, — on le voit, — contribua puissamment au succès de cette campagne mémorable, qui sauva la France menacée d'une invasion pour laquelle la coalition avait réuni toutes ses forces. Il reçut, à cette occasion, du général en chef Masséna, une adresse de félicitations où ses talents militaires, son courage et ses travaux sont justement appréciés.

Envoyé à l'armée du Rhin, commandée par le général Moreau, Molitor, — lors de la campagne de 1800, — prit le commandement d'une division flanquant la droite de l'armée, força le passage du Rhin sur le pont de Rechlingen, près Stein (1er mai), et dispersa les postes autrichiens dans la plaine de Ramsen.

Le 3 mai, il marcha sur Stokach, à trois heures du matin, rencontra l'ennemi à une petite lieue de Singen, le culbuta et le mena battant jusqu'à Wahlwies, en lui faisant une centaine de prisonniers. Mais l'ennemi avait à Wahlwies une réserve d'infanterie avec de l'artillerie : son infanterie légère défendait le village. Le combat s'engagea et fut d'abord assez vif, jusqu'à ce que le général Molitor eût fait tourner le village par le bataillon de la 36e demi-brigade. Alors l'ennemi se replia sur la position qu'occupait son armée en avant de Stokach, où elle offrit une ligne d'infanterie d'une immense étendue. Le général Molitor combina ses dispositions d'attaque et remporta une nouvelle victoire sur les Autrichiens, auxquels il fit près de quatre mille prisonniers.

Deux jours après, la bataille de Moëskirch fut encore l'occasion d'un triomphe éclatant pour le général Molitor, qui décida presque seul la victoire en s'emparant d'un plateau dont la position était importante.

A la tête du corps de flanqueurs de droite, il força successivement les postes autrichiens à Goëtziz, à Rankwill, à Alsenstat. Il continua de commander la première division de l'aile droite, sous les ordres du lieutenant général Lecourbe, et contint l'aile gauche de l'armée autrichienne qui occupait le Tyrol ; enfin, il termina cette glorieuse campagne par la prise de la fameuse position de Feldkirch et des pays grisons, ce qui eut pour résultat de nous rendre maîtres du Tyrol et de nous ouvrir des communications directes avec l'armée d'Italie.

Dans le courant de cette campagne (6 octobre 1800), Molitor fut élevé au grade de général de division. C'était une juste récompense des nombreux services qu'il avait rendus; mais celle à laquelle il dut être le plus sensible fut la touchante gratitude que lui témoignèrent les habitants de la Souabe, de la Bavière et du Tyrol pour son humanité et son désintéressement.

« Avoir exposé ce que les troupes ont exécuté,— ajoute à la fin de la relation de la campagne de 1800, le *Spectateur militaire,* auquel nous ferons encore quelques heureux emprunts, — c'est avoir rendu justice à leur valeureuse conduite. Cet éloge serait incomplet néanmoins, si l'on n'y ajoutait celui de la discipline et des ménagements envers les habitants, qu'elles ont constamment observés, et qui ont laissé chez l'étranger des souvenirs si honorables pour le nom français. »

De retour en France, à la suite du nouvel armistice qui fut suivi de la paix, le général Molitor fut appelé au commandement,— alors vacant, — de la 7e division militaire, à Grenoble. Il avait ici la mission aussi belle que difficile de rallier les esprits divisés après tant de secousses, et, hâtons-nous de le dire, il s'en acquitta avec bonheur. Il ne quitta le Dauphiné qu'à la reprise des hostilités, en 1805, époque à laquelle il repassa, — sous les ordres du maréchal Masséna, — à l'armée d'Italie, reçut le commandement de la division d'avant-garde, qu'il conserva à toutes les actions de cette campagne, notamment aux combats de Veronnette, de Vago, où il enleva deux pièces de canon aux Autrichiens, qui furent culbutés et vaincus.

Le 4 octobre, à la bataille de Caldiero, avec sa seule division, qui fit des prodiges de valeur, il fut opposé victorieusement aux efforts désespérés de l'aile droite de l'armée de l'archiduc Charles.

Le 3 novembre suivant, en se portant sur Vicence, il en vint plusieurs fois aux prises avec les Autrichiens, qu'il repoussa et auxquels il fit huit cents prisonniers. Le 4, il s'empara de la position de *San-Pietro in Giù* et dérouta complétement l'ennemi, qui laissa encore neuf cents hommes en son pouvoir.

Après le traité de Presbourg, qui avait cédé au royaume d'Italie les provinces ex-vénitiennes, le général Molitor fut désigné (en janvier 1806) par Napoléon pour aller prendre possession de la Dalmatie avec trois régiments. Il se trouvait alors à Udine. Suivant les ordres de l'empereur, il dirigea les 5e, 23e et 79e régiments de ligne sur Trieste, où ils arrivèrent du 3 au 4 février, et où il les précéda; puis il arriva à Zara, où il fut investi des attributions de commandant en chef des forces de terre et de mer, gouverneur général civil et militaire des provinces de Dalmatie et d'Albanie. Dans l'intérim de près d'une année, entre le départ des fonctionnaires autrichiens et la nouvelle organisation des services confiés aux Français, il exerça le pouvoir législatif, exécutif et même judiciaire, car il devait prononcer souverainement en appel civil et au criminel. Molitor prouva, en cette occasion, que ses talents administratifs ne le cédaient en rien à ses talents militaires. L'ordre parfait qu'il sut introduire rapidement dans la comptabilité générale et la gestion des deniers publics amena des économies sensibles. Les habitants n'eurent à supporter aucunes charges militaires, et il fit aux Dalmates, dont il s'était concilié la confiance et l'affection, tout le bien qui dépendait de lui et qui devait les attacher à la France.

Dans cette situation, et au milieu des soins multipliés qu'exigeaient de lui les affaires civiles et militaires, il eut encore assez de présence d'esprit pour triompher d'une difficulté sérieuse et compliquée, occasionnée par la remise que les Autrichiens avaient faite aux Russes de la place de Cattaro.

Malgré tous ces embarras, il soutint avec succès une guerre des plus difficiles par terre et par mer, pendant cette année 1806, où toutes les armées de l'Europe étaient en repos. Attaqué sur mer, il repoussa avec son escadrille une partie de l'escadre russe qui assiégait Lézina, débloqua cette île, où trois cents Russes tombèrent en son pouvoir, reprit ensuite l'île de Cursola, et termina cette glorieuse campagne par le déblocus de Raguse, expédition lointaine qui présentait des obstacles presque insurmontables, et dans laquelle, avec dix-sept cents hommes seulement, il mit en déroute et chassa du pays dix mille Monténégrins et trois mille Russes, qui, — depuis quinze jours, — assiégeaient la ville, où se trouvait le général Lauriston avec une garnison française. « On ne saurait décrire, — raconte le brave général Molitor, — les acclamations, les transports d'ivresse et de reconnaissance que firent éclater les habitants de toutes les classes, qui venaient de passer si subitement des angoisses les plus affreuses à une délivrance dont on commençait à désespérer. Dans l'effusion de leur enthousiasme, plusieurs se précipitaient sur nos soldats et embrassaient leurs armes avec l'expression du respect et de l'admiration. Le même soir, toutes les dames de la ville allèrent pieds nus dans les églises pour y rendre des actions de grâce. Le lendemain, l'étonnement des Ragusains fut à son comble, lorsqu'en nous voyant défiler, ils purent compter le petit nombre de leurs libérateurs. »

Déjà grand commandeur de la Légion d'honneur, le général Molitor reçut de Napoléon la croix de grand officier de cet ordre (25 juillet 1806), et fut peu après nommé chevalier de la couronne de fer.

En 1807, il partit des bords de l'Adriatique, avec un corps de troupes, pour se rendre sur la Baltique, attaqua les Suédois, le 17 juillet, à Damgarton, força le passage de la Recknitz, s'empara le lendemain des positions de Lobnitz et de Redebas, poursuivit le roi de Suède jusque sous les murs de Stralsund, commanda la gauche du siége de cette forteresse, pénétra le premier dans la place, et accepta ensuite le commandement en chef de l'armée d'observation, ainsi que les fonctions de gouverneur général civil et militaire de la Poméranie suédoise, jusqu'à la fin de 1808.

« Dans ce commandement, comme en Suisse, en Allemagne et en Dalmatie,—dit le général Pelet dans ses mémoires sur les guerres de Napoléon, — il fit honorer et aimer le nom français par la belle conduite des troupes sous ses ordres, par son désintéressement et la justice de son administration. »

Il reçut, dans le courant de cette année, le titre de comte avec une dotation de 30,000 francs de rente.

A la campagne suivante (1809), le général Molitor marcha en Allemagne avec une division, sous les ordres du maréchal Masséna. Après la célèbre bataille d'Eckmühl, l'empereur le détacha sur Neumarckt, où il arrêta les progrès d'un corps de trente-cinq mille Autrichiens et sauva le corps bavarois qui était attaqué et dangereusement engagé, à la suite d'un combat soutenu par les troupes de sa division d'une façon si brillante, que les généraux ennemis eux-mêmes admirèrent l'ordre, la précision et l'audace de leurs mouvements[1].

L'un des premiers il assa, le 19 mai, dans l'île de Lobau, se signala, le surlendemain, au combat de Gros-Aspern et eut une grande part à la victoire de Wagram.

En 1810, il alla occuper, avec sa division, les villes anséatiques, et fut investi du commandement en chef. Il paraît que les rapports presque intimes qu'il eut alors avec le grand-duc d'Oldembourg, parent de l'empereur de Russie, empêchèrent longtemps la rupture qui devait avoir lieu entre Napoléon et Alexandre.

En 1811, le général Molitor partit pour la Hollande, où le prince architrésorier duc de Plaisance remplissait les fonctions de gouverneur général, et il y prit le commandement en chef des troupes comprises dans la 17e division. Quand, à l'approche des Anglais qui menaçaient les côtes, les Hollandais manifestèrent des dispositions

[1] Une feuille allemande, datée *Poméranie suédoise*, 19 *novembre* 1808, publia ce qui suit :

« Au commencement de ce mois, la division Molitor, qui a occupé notre pays pendant un an, est partie pour Francfort-sur-le-Mein. La satisfaction d'être dispensé de l'entretien d'une nombreuse division se trouve considérablement diminuée pour les habitants par le départ de l'excellent général, qui a su concilier la justice la plus exacte avec ses devoirs envers l'empereur, et dont la conduite honorable, sous tous les rapports, mérite notre amour et notre respect. Puisse la divine Providence veiller sans cesse sur lui ! »

hostiles aux troupes françaises, l'empereur le laissa dans ce pays, dont il avait une connaissance parfaite, et où il sut se tirer des positions les plus périlleuses [1].

Dès le mois d'avril 1813, l'insurrection éclata soudain à la Haye, à Leyde, à Zardam; le général Molitor parvint à l'apaiser, par l'énergie et la rapidité des mesures qu'il employa. Mais, lorsque les débris de notre grande armée, abattue par les revers, durent passer le Rhin, les corps ennemis se jetèrent sur la Hollande dégarnie de troupes françaises. Alors, suivant les instructions de l'empereur, il s'empressa de former, autant que possible, des garnisons, d'approvisionner les places de la Hollande, où il répartit des douaniers français avec des soldats de nos régiments étrangers; et avec une poignée de troupes irrégulières et de son propre mouvement, il tint la campagne. Il s'opposa quelque temps et non sans peine à la marche des têtes de colonnes ennemies, et resta maître du champ de bataille après les combats de l'île de Bommel et de Bois-le-Duc. Cette campagne, où le dévouement et le patriotisme suppléèrent au nombre et à la qualité des troupes, au milieu des insurrections et des défections des régiments étrangers, fut une des plus rudes et des plus difficiles.

En 1814, le général Molitor se rallia au corps du maréchal Macdonald, et fit des prodiges de valeur aux combats de la Chaussée de Châlons et de la Ferté-sous-Jouarre. Ensuite, il fut mis à la tête du 11e corps d'armée jusqu'à l'abdication de l'empereur et son départ de Fontainebleau. Alors il envoya en ces termes son adhésion et celle de ses troupes à l'établissement du gouvernement royal, que lui notifia le nouveau ministre : « Nous, officiers généraux et supérieurs du 11e corps d'armée, vu la lettre du ministre de la guerre, déclarons adhérer aux actes de l'autorité nationale. »

Peu de temps après le retour de Louis XVIII, il fut créé chevalier de Saint-Louis, élevé au poste d'inspecteur général d'infan-

[1] Le général Molitor venait d'être nommé gouverneur du palais impérial de Strasbourg, et grand-cordon de l'ordre de la Réunion.

terie le 1er juin, et nommé grand-croix de la Légion d'honneur (janvier 1815).

Mais bientôt l'empereur reparut sur le territoire français et ressaisit le sceptre impérial. Placé entre son serment au roi fugitif et son patriotisme qui lui faisait un devoir de protéger son pays contre l'invasion étrangère, il n'hésita pas à se porter sur la frontière de l'Alsace avec la mission de la défendre et avec le commandement en chef des gardes nationales. mobilisées. Peu de jours lui suffirent pour organiser vingt mille hommes en divisions, brigades et régiments bien équipés, armés et préparés à disputer vigoureusement la victoire aux ennemis. Il fut nommé pair de France par l'empereur.

La déchéance définitive de Napoléon et le rétablissement du pouvoir royal mirent fin aux hostilités, et le général Molitor fut exilé de Paris, puis remplacé dans le gouvernement du palais de Strasbourg.

Plus tard, le maréchal Saint-Cyr, devenu ministre de la guerre, investit Molitor des fonctions d'inspecteur général, — fonctions qu'il remplit pendant les années 1818, 1821 et 1822.

Nous voici arrivés à la campagne d'Espagne de 1823. Le blâme presque universel dont elle fut l'objet a rejailli sur l'armée elle-même, qui pourtant ne pouvait être responsable de la politique de son gouvernement.

Nous n'avons pas à discuter ici le principe politique de cette expédition; mais nous pensons que le fait de l'armée, avant tout, est l'obéissance passive. Elle n'est qu'un instrument entre les mains des gouvernants, et doit, à ce titre, soutenir toute guerre juste ou injuste, sans se préoccuper de la cause politique de cette guerre. C'est sous l'influence de ces saines idées que le général Molitor accepta le commandement en chef du 2e corps d'armée. Détaché dans la partie est de la Péninsule, il se rendit maître successivement des royaumes d'Aragon, de Valence, de Murcie et de Grenade. Après avoir fait lever le siége de Murviédro (ancienne Sagonte), après la prise d'Alzira, de Lorca et le combat de Guadahuertuna, il livra le combat de Campillo-de-Arenas à l'armée du général Ballesteros, — combat à la suite duquel ce général capitula.

Ensuite il s'empara des places de Malaga, de Carthagène et d'Alicante.

Dans cette expédition, où les troupes espagnoles étaient numériquement doubles de celles des Français, ces derniers avaient su concentrer leurs forces disponibles sur le point décisif et y agir avec autant de vigueur que de célérité. Ces dispositions rendaient presque certaines les chances de la victoire qui fut remportée.

Louis XVIII, chez qui les beaux faits d'armes du général Molitor en Espagne avaient complétement détruit les préventions des cent jours, l'éleva à la dignité de maréchal de France et à celle de pair du royaume ; l'ordonnance de nomination, rédigée par le roi lui-même, rappela en termes très-honorables les anciens services de notre héros, et notamment sa brillante campagne de Suisse, qui est, il faut l'avouer, son plus beau titre de gloire.

Arriva la révolution de juillet, et le maréchal Molitor en adopta franchement le principe. A la fin de 1831, nommé commandant supérieur des 8e et 9e divisions militaires, il partit pour Marseille avec la mission d'y maintenir l'ordre, à une époque où il était à craindre que l'effervescence qui régnait à Lyon ne gagnât tout le midi de la France.

Des éloges sembleront bien froids après le récit d'une carrière aussi glorieusement fournie, et pourtant si nous en avons été sobres dans le cours de notre narration, c'est que nous ne voulions pas nuire à sa rapidité, et que nous nous réservions de revenir sur l'ensemble de ce brillant tableau, en appréciant les divers mérites du maréchal Molitor.

L'amour de la patrie a toujours été le premier mobile de la vie de cet illustre guerrier ; s'il s'y est mêlé un besoin de gloire, une noble ambition ! l'intérêt du moins n'a jamais flétri la pureté de ce sentiment inné chez lui. Mais admirez comme les intelligences d'élite se placent tout d'abord au premier rang ! La révolution de 89 éclate, et Molitor, alors âgé de vingt et un ans, obtient son premier grade par le suffrage de ses jeunes concitoyens ; son courage seul, ses succès lui attirent les autres et l'élèvent au comble des honneurs.

Aussi intrépide soldat qu'habile tacticien, il joignait, sur le champ de bataille, la prudence à l'énergie, la promptitude de la conception à celle de l'exécution.

Il était d'une sévérité inouïe pour la discipline, et cependant il était adoré de ses soldats, pour lesquels il fut à la fois un chef intelligent, un sauveur et un père.

Dans l'administration, il fit preuve également de capacités éminentes : sa modération, son urbanité, lui gagnaient tous les cœurs, en même temps que sa surveillance active, ses mesures d'amélioration faisaient renaître partout la prospérité et l'abondance.

Eh bien, alors qu'il aurait pu s'enrichir, sans même blesser les lois de la plus rigoureuse probité, le maréchal Molitor conserva toujours une position de médiocrité de fortune qui laissa de lui une haute estime dans les pays étrangers.

Aussi, voyez : —à l'Empire succède la Restauration, et Louis XVIII, plein d'admiration pour le noble caractère, pour la gloire pure et sans tache du soldat de Napoléon, n'hésite pas à mettre à profit son expérience et ses talents.

Le maréchal Molitor a constamment apporté à la Chambre des Pairs cette dignité, cette élévation de sentiments et cette liberté de conscience qui le distinguent. Il n'a jamais flatté aucun pouvoir, et, dégagé de tout esprit de parti, il n'a eu qu'un but, qu'une seule pensée : la gloire et la prospérité de la France !

Paris. — Imp. SCHNEIDER et LANGRAND, rue d'Erfurth, 1.

L'Encyclopédie biographique du XIXe *siècle* se divise en plusieurs catégories, ayant chacune un titre spécial :

1° **Galerie des Rois et des Princes** (8 volumes de 400 pages).
2° **Fastes de la Pairie** (4 volumes de 400 pages).
3° **Illustrations nobiliaires** (4 vol. *id.*)
4° **Tables de la Légion d'honneur** (4 vol. *id.*)
5° **Panthéon académique** (2 vol. *id.*)
6° **Musée militaire** (2 vol. *id.*)
7° **Illustrations du Barreau et de la Magistrature** (4 vol. *id.*)
8° **Médecins célèbres** (2 vol. *id.*)
9° **Célébrités universitaires** (2 vol. *id.*)
10° **Contemporaines célèbres** (2 vol. *id.*)
11° **Silhouettes artistiques** (2 vol. *id.*)

L'*Encyclopédie* est imprimée dans le format in-4°, sur très-beau papier velin satiné, en caractères neufs.

De magnifiques portraits et des autographes authentiques accompagnent *quelques biographies* dans chaque catégorie.

Il parait, tous les huit jours, une livraison de plusieurs feuilles.

Comme nous publions simultanément toutes les catégories, les livraisons se croiseront de façon à satisfaire tous les souscripteurs.

CONDITIONS DE LA SOUSCRIPTION.

Les souscripteurs à une partie de l'Encyclopédie payent :

La feuille. . . . . 30 centimes.
Le portrait. . . . 15 id.
L'autographe . . 10 id.

Les souscripteurs à l'ouvrage entier payent :

La feuille. . . . . 25 centimes,

ET REÇOIVENT GRATIS LES PORTRAITS ET LES AUTOGRAPHES.

Isolément :

La feuille se vend. . 1 fr. »
Le portrait . . . . 50 c.
L'autographe. . . . . 25 c.

Les souscripteurs des départements payent le port en sus du prix.

Chaque livraison est enveloppée d'une jolie converture. Les souscripteurs à une catégorie au moins reçoivent (*franco*) leurs livraisons à domicile

L'administration reçoit les mandats à vue sur la poste ou sur le trésor

(Toute lettre non affranchie sera refusée).

Imprimerie Schneider et Langrand, rue d'Erfurth, 1.

www.ingramcontent.com/pod-product-compliance
Ingram Content Group UK Ltd.
Pitfield, Milton Keynes, MK11 3LW, UK
UKHW020509230726
13925UKWH00005B/2124

9 782014 431803